CB016295

Felipe Guga

SORRIA, VOCÊ ESTÁ SENDO ¡LUMINADO!

1ª edição

GALERA

RIO DE JANEIRO

2015

CIP-Brasil. Catalogação na Publicação
Sindicato Nacional dos Editores de Livros, RJ

G969s

   Guga, Felipe
     Sorria, você está sendo iluminado /
Ilustração Felipe Guga. - 1. ed. - Rio de Janeiro:
Galera Record, 2015.
      il.

     ISBN 978-85-01-10589-9

      1. Autoconfiança. 2. Técnicas de autoajuda.
3. Motivação. I. Guga, Felipe. II. Título.

15-25430   CDD: 158.1
                      CDU: 159.947

Capa e projeto gráfico: Angelo Allevato Bottino

Texto revisado pelo novo Acordo Ortográfico da Língua Portuguesa.

Direitos exclusivos desta edição reservados pela

Editora Record Ltda.

Rua Argentina 171 - Rio de Janeiro, RJ - 20921-380 - Tel.: 2585-2000.

Impresso no Brasil

ISBN 978-85-01-10589-9

Seja um leitor preferencial Record.
Cadastre-se e receba informações sobre nossos lançamentos
e nossas promoções.

Atendimento e venda direta ao leitor:
mdireto@record.com.br ou (21) 2585-2002

ABDR
EDITORA AFILIADA

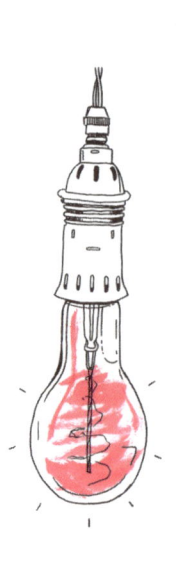

q —   — 25 —   — 41 —

— 57 —   — 73

A LUZ
PRODUZ NO
HOMEM TUDO
O QUE É BOM,
JUSTO E ~~VER~~
VERDADEIRO.

GRATIDÃO

GRATIDÃO,
OXIGÊNIO
DA ALMA.

UM SORRISO é A MENOR ~~DIST~~ DISTÂNCIA ENTRE DUAS PESSOAS.

12 – 12

DUAS DICAS PARA UMA ~~VID~~ VIDA FELIZ:
PERDOE-SE.

POR ONDE
FOR,
FLORESÇA.

BELAS FLORES
NÃO ESCOLHEM A
BELEZA DOS VASOS,
MAS SOLO FÉRTIL.

15 — 15

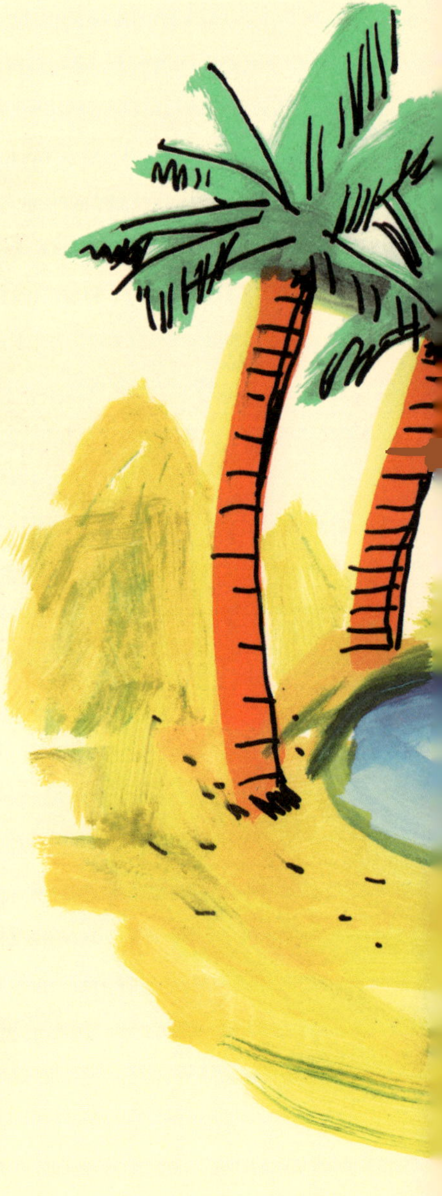

SE QUERES CHEGAR O OÁSIS, TENS DE PASSAR PELO DESERTO.

CRIANÇAS TÊM MEDO DO
ESCURO.
ADULTOS, DA LUZ.

FAÇA <u>AMOR</u>,

NÃO FAÇA GUERRA.

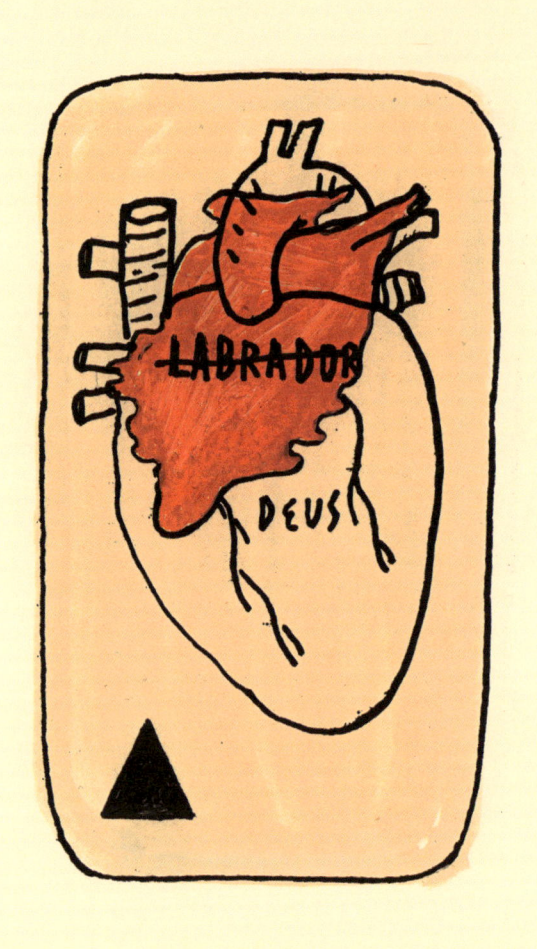

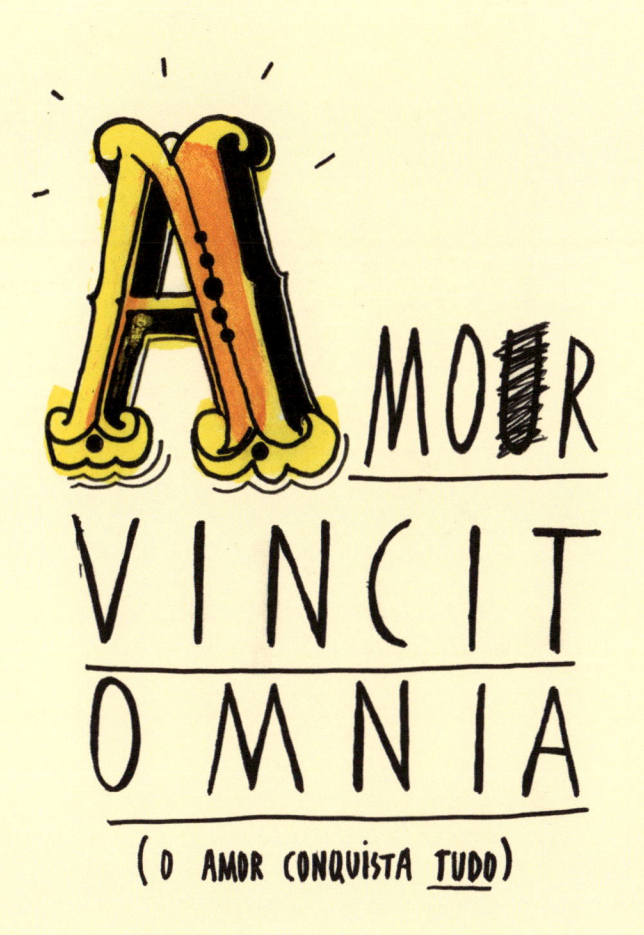

AMOR VINCIT OMNIA

(O AMOR CONQUISTA TUDO)

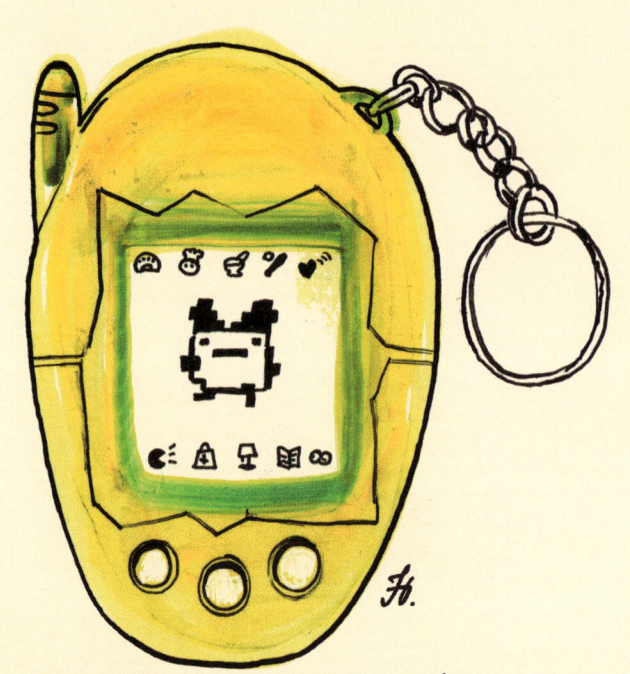

CASAMENTOS SÃO COMO TAMAGOTCHIS, TEM QUE CUIDAR E ALIMENTAR SEMPRE.

RELAÇÃO É <u>CONSTRUÇÃO</u>.

NO *JOGO DA VIDA* VENCE QUEM NUNCA DESISTE DOS SEUS *SONHOS*.

A ILUMINAÇÃO
É A INTIMIDADE
COM TODAS AS
COISAS.

E SOB AS SUAS ASAS VOCÊ ~~~~ ENCONTRARÁ REFÚGIO.

LÂMPADA PARA OS MEUS
PÉS É' A TUA PALAVRA E
LUZ PARA OS MEUS CAMINHOS.

AS AFLIÇÕES
DESTE TEMPO PRESENTE
NÃO SE PODEM COMPARAR
COM A GLÓRIA QUE EM
NÓS HÁ' DE SER ~~REVE~~
REVELADA.

SEM A <u>MÚSICA</u>,
A VIDA SERIA UM ERRO.

TRANSBORDE AMOR.

RELA
DE DOIS

...NAMENTOS SÃO FEITOS
...NTEIROS, NÃO DE DUAS
METADES.

<del>MENOS</del> MAIS <u>NÓS</u>.

ABRAÇO É O ENCONTRO
DE DOIS <u>CORAÇÕES</u>.

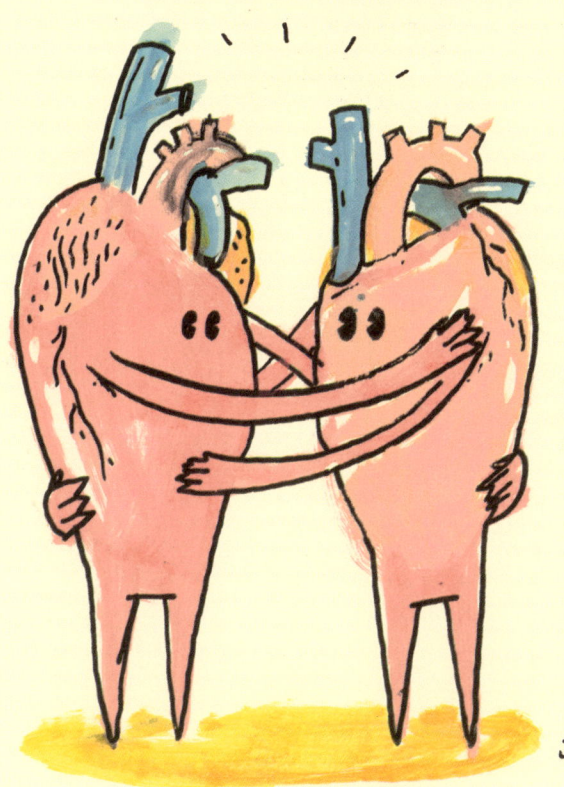

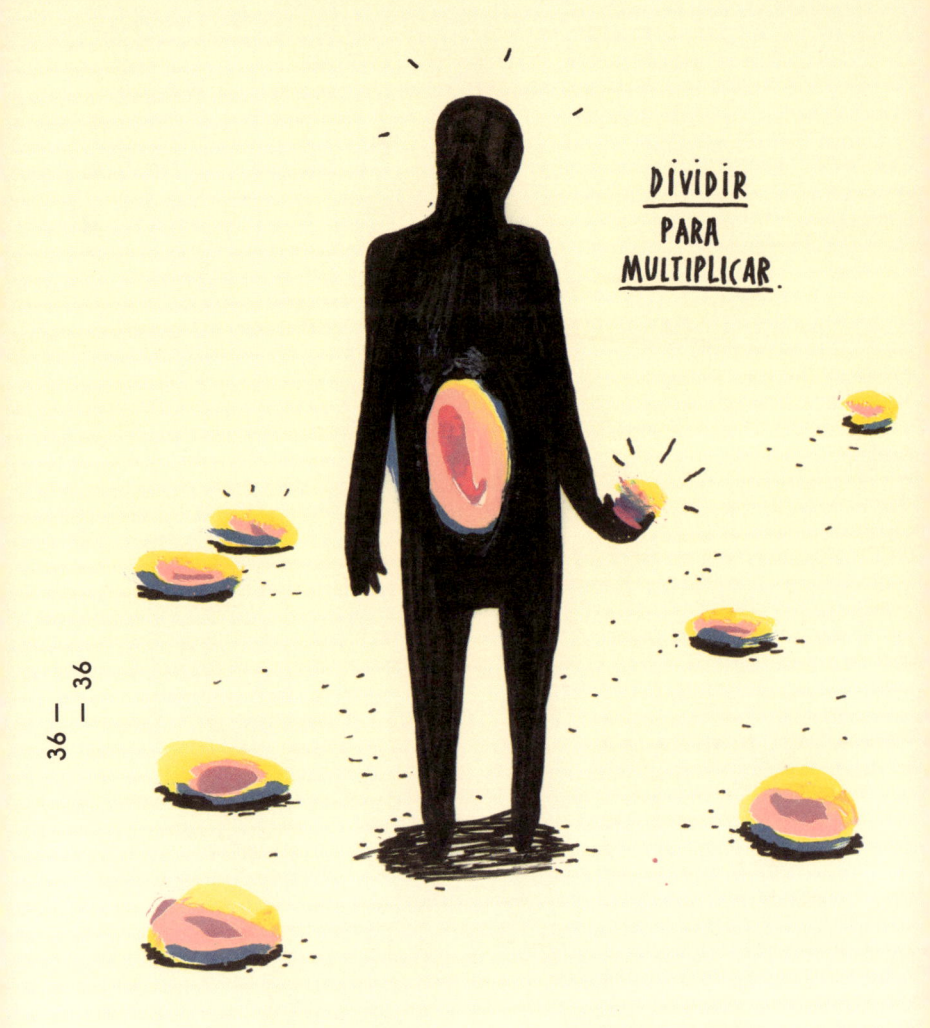

DIVIDIR
PARA
MULTIPLICAR.

36 — 36

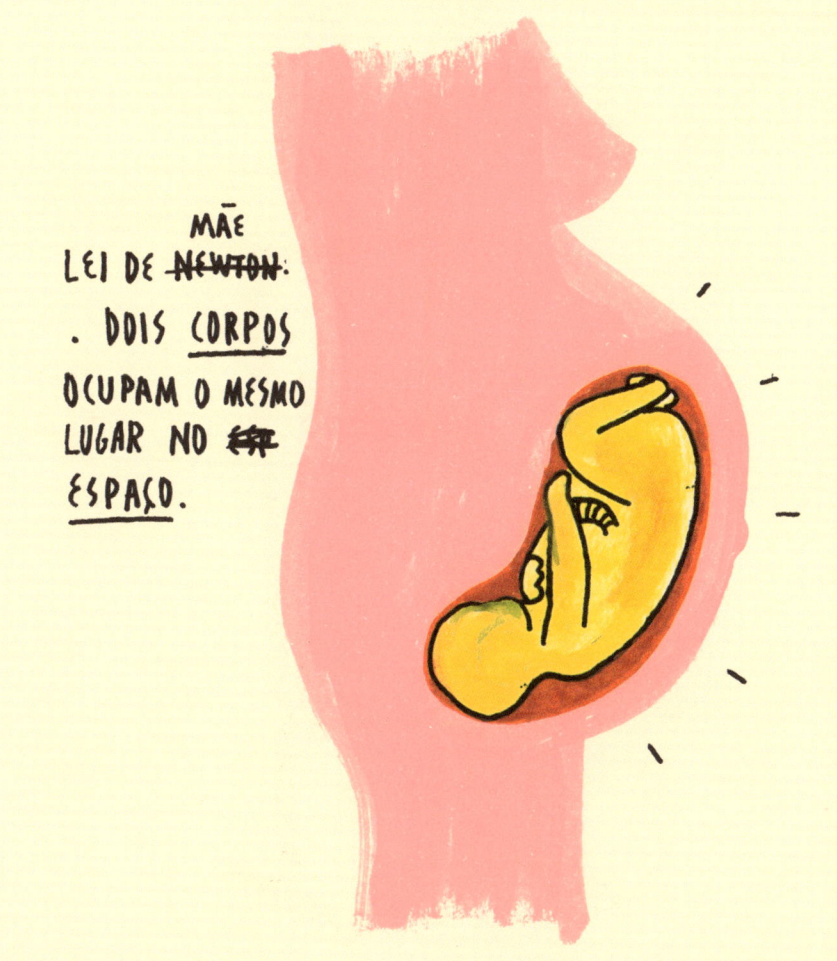

LEI DE ~~NEWTON~~ MÃE:
. DOIS CORPOS OCUPAM O MESMO LUGAR NO ~~EU~~ ESPAÇO.

POR DENTRO SOMOS TODOS IGUAIS.

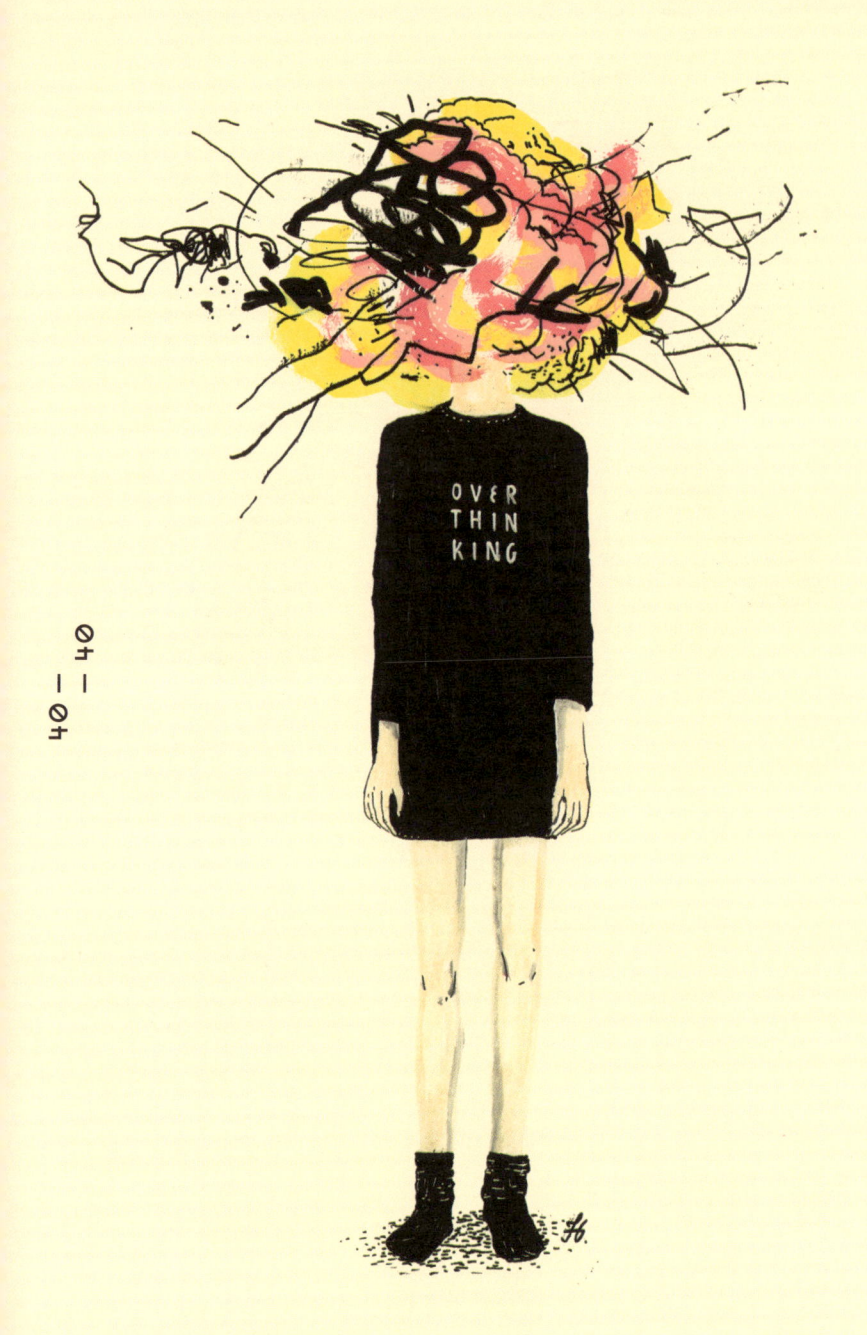

AQUELE QUE OLHA PRA FORA
SONHA,
AQUELE QUE OLHA PRA DENTRO
ACORDA.

43 — — 43

ACIDENTES ~~ACIDENTES~~ <u>GEOMÉTRICOS</u>

CÍRCULO <u>VICIOSO</u>

TRIÂNGULO AMOROSO

MENTE QUADRADA

A **MENTE** QUE SE ABRE A UMA NOVA **IDEIA** JAMAIS VOLTARÁ AO SEU TAMANHO **ORIGINAL**.

SUA CABEÇA CRIA
O SEU MUNDO.

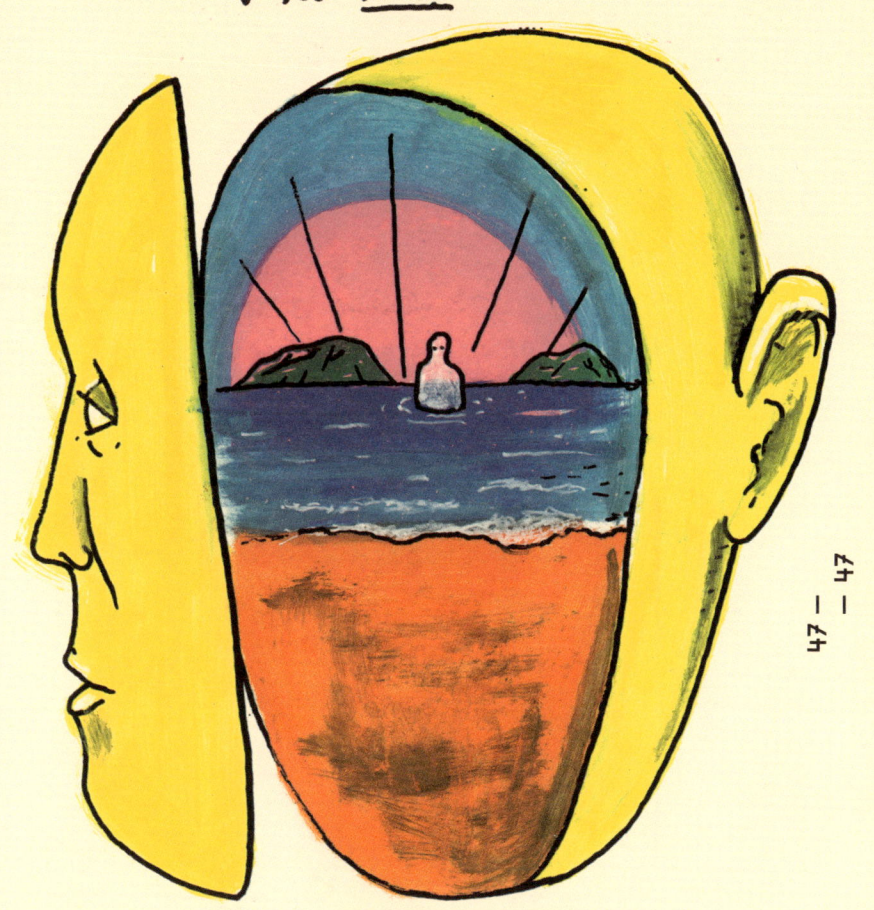

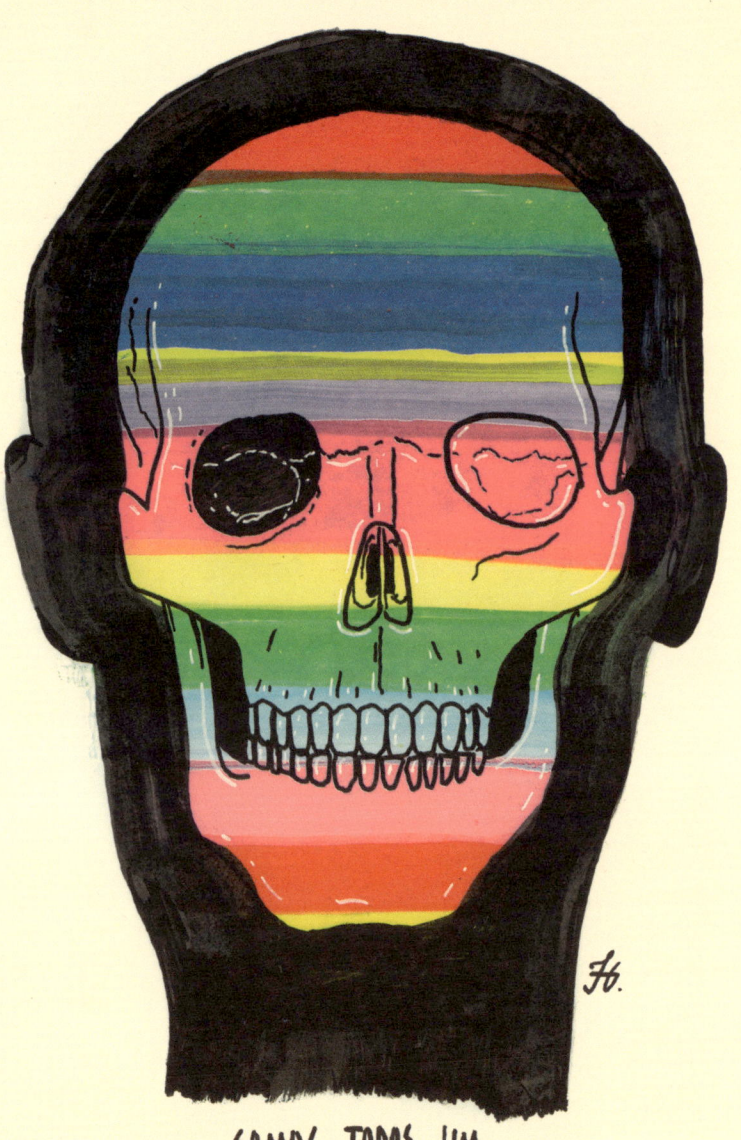

SOMOS TODOS UM.
HOMOFOBIA = HUMANOFOBIA

EXERCITE
SUA ALMA.
#SOULFITNESS

NÃO TENTE FORÇAR NADA, DEIXE A VIDA SER UM PROFUNDO ACASO. VEJA DEUS ABRINDO MILHÕES DE FLORES TODO DIA SEM FORÇAR OS BOTÕES.

ORAÇÃO, OXIGÊNIO DA ALMA.

DEUS SÓ PODE ENTRAR NUM CORAÇÃO PARTIDO.

PERDÃO E ARREPENDIMENTO
ABREM QUALQUER FECHADURA.

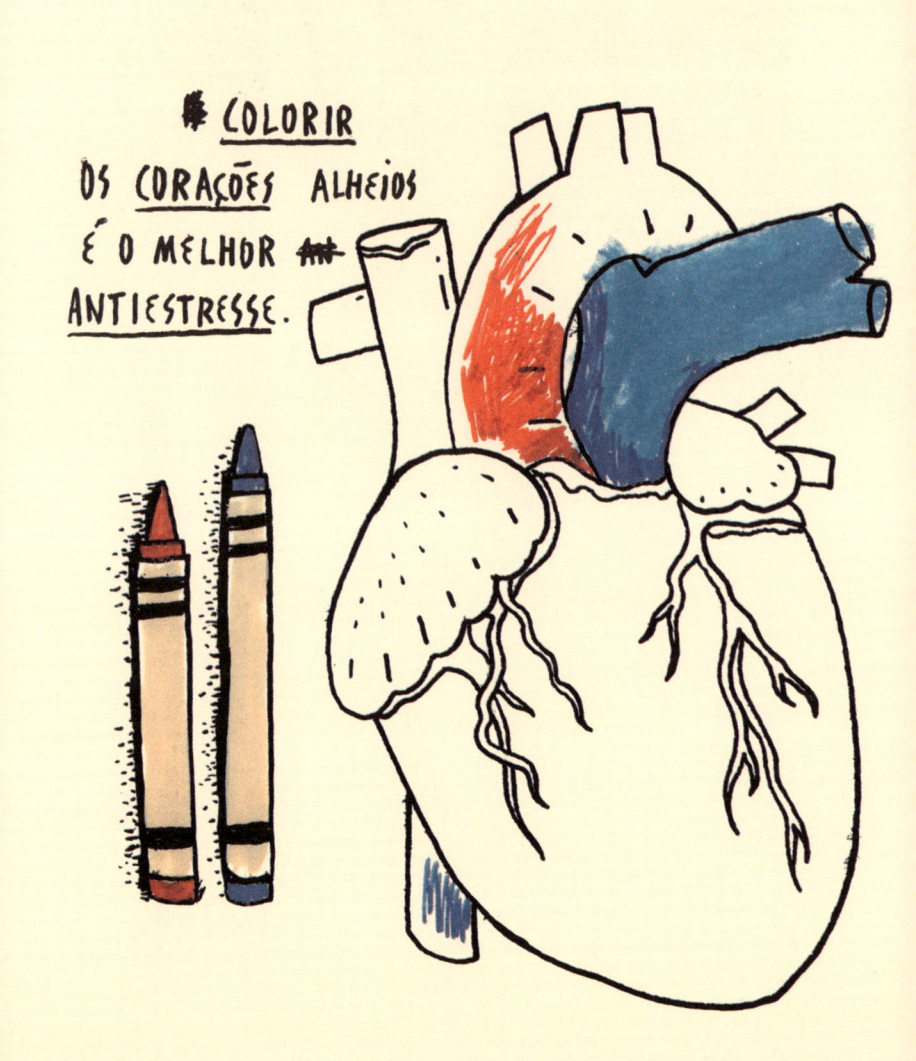

COLORIR OS CORAÇÕES ALHEIOS É O MELHOR ~~ANT~~ ANTIESTRESSE.

anti estresse

NÃO SEJA
UMA PEDRA
NO SEU PRÓPRIO
CAMINHO.

SE TEUS
OLHOS
FOREM
BONS
TODO O
SEU CORPO
TERÁ <u>LUZ</u>.

SÓ AS <u>MÃES</u> SABEM O QUE É DAR À <u>LUZ</u>.

SÓ AS <u>MÃES</u> JÁ TIVERAM 2 <u>CORAÇÕES</u>.

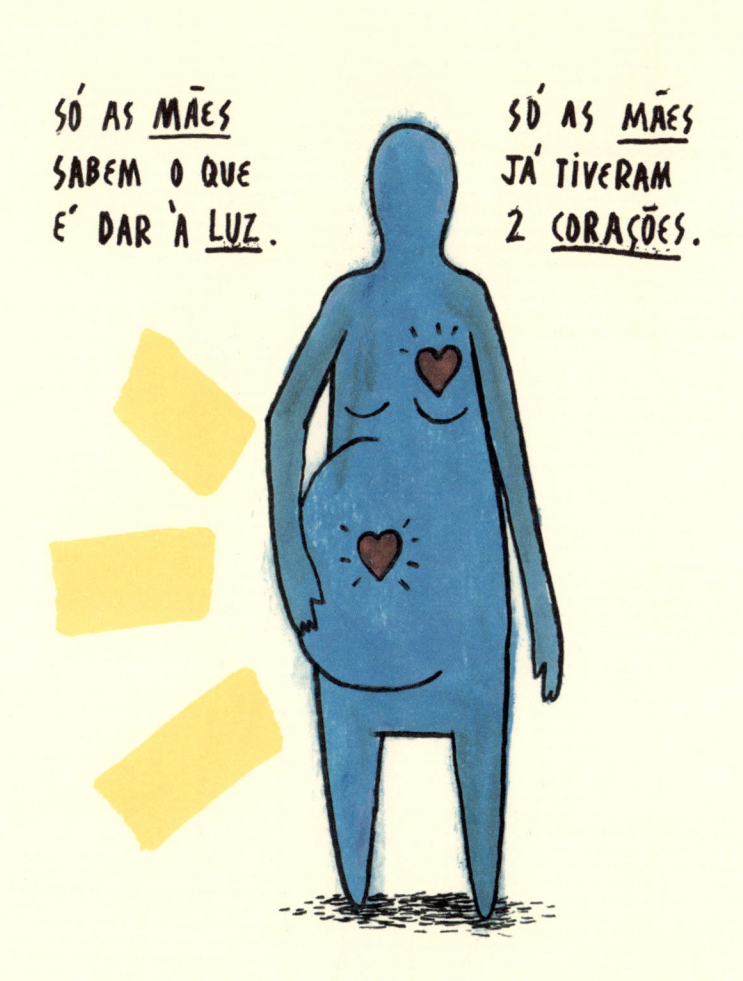

O CAMINHO
MAIS CURTO
PARA A ~~LIB~~
LIBERDADE É
SENTIR SEUS
SENTIMENTOS.

60 – 60

TODOS
QUEREM SER ~~UM~~
DIAMANTES MAS
NEM TODOS QUEREM
SER LAPIDADOS.

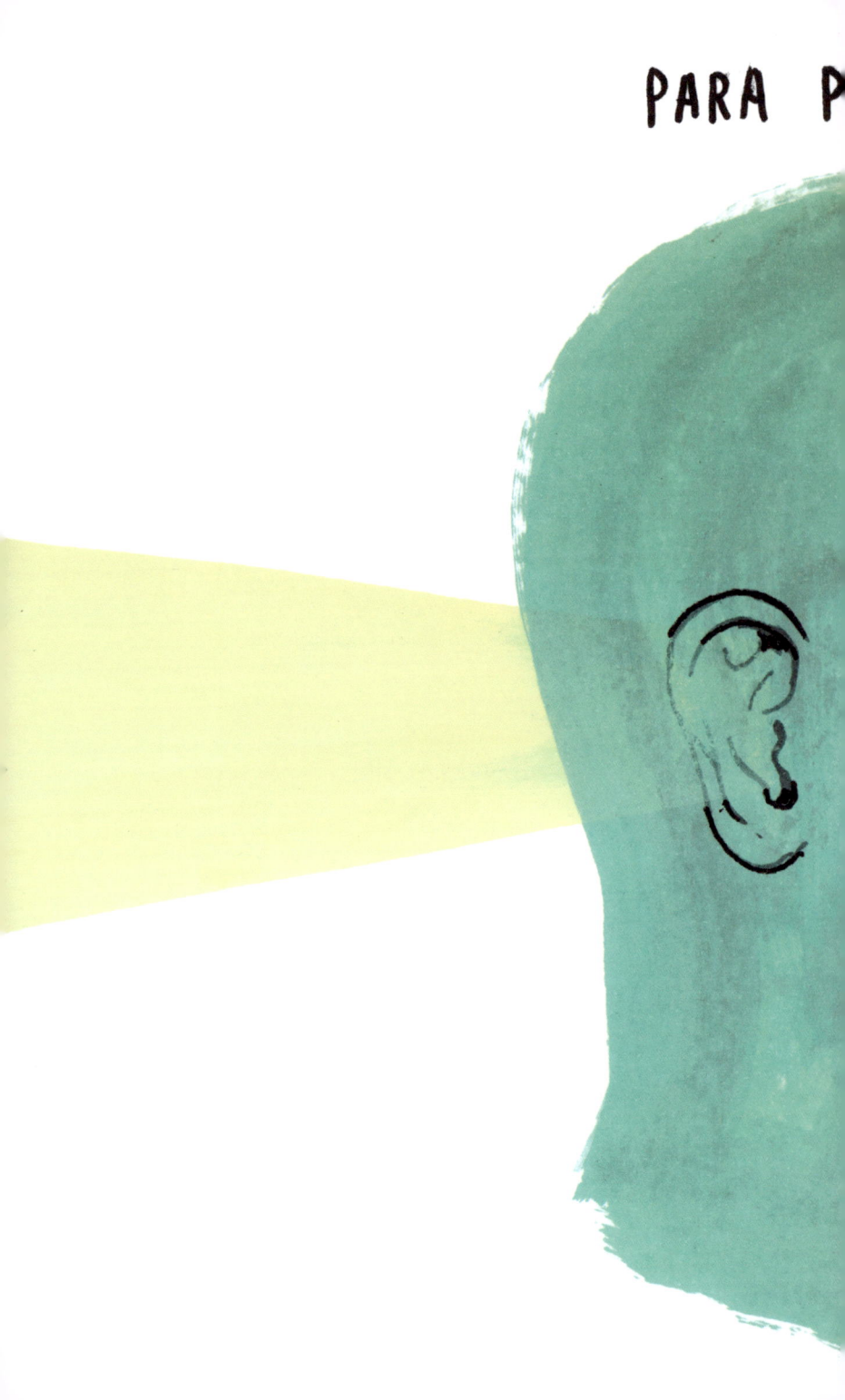

ER VER, OUÇA.

O UNIVERSO
TEM O TAMANHO
DO SEU ~~SABER~~
SONHO

TUDO O QUE
VEMOS OU PARECEMOS
É UM SONHO
DENTRO DE UM
SONHO.

CORAGEM: VIVER COM O <u>CORAÇÃO</u>.

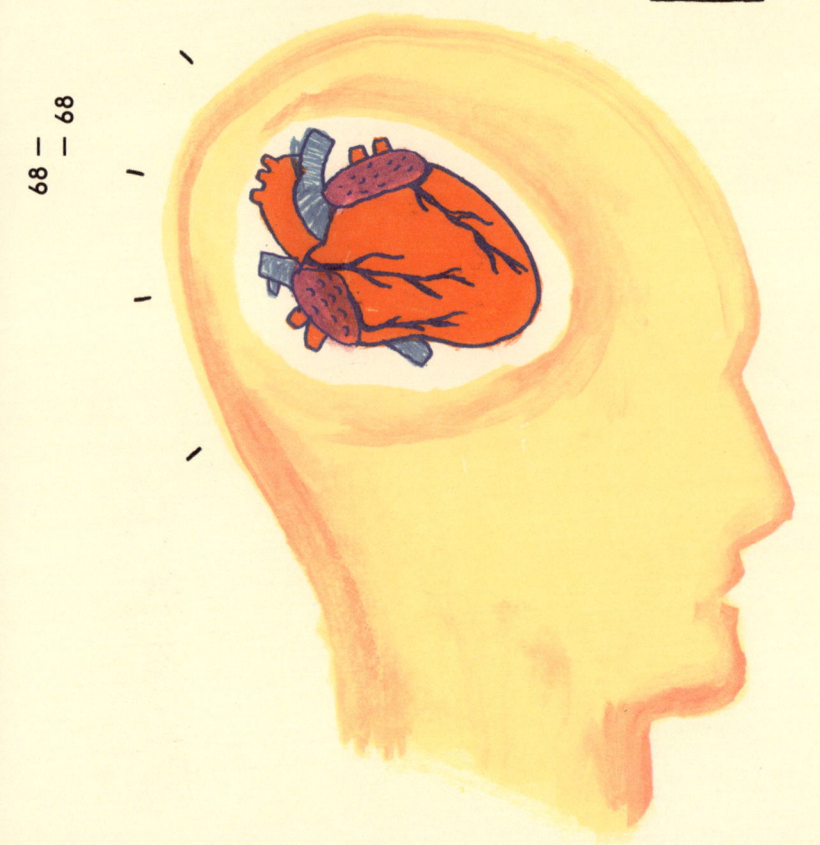

É PRECISO
ESVAZIAR O
VELHO PARA
DAR LUGAR AO
NOVO QUE ~~ELE~~
CHEGA.

SEJA AQUELE QUE ~~SÓ~~ PUXA O OUTRO PRA CIMA.

SEJA SEU
PRÓPRIO
POEMA.

A VIDA É O <u>FILME</u> QUE VOCÊ ASSISTE ATRAVÉS DOS SEUS <u>OLHOS</u>, O QUE ACONTECE LÁ FORA POUCA DIFERENÇA FAZ. O QUE VALE É COMO VOCÊ VÊ.

MENOS WiFi, MAIS CONEXÕES.

75 — 75

RELIGIÃO VEM
DO LATIM "RELIGARE".
RELIGA.

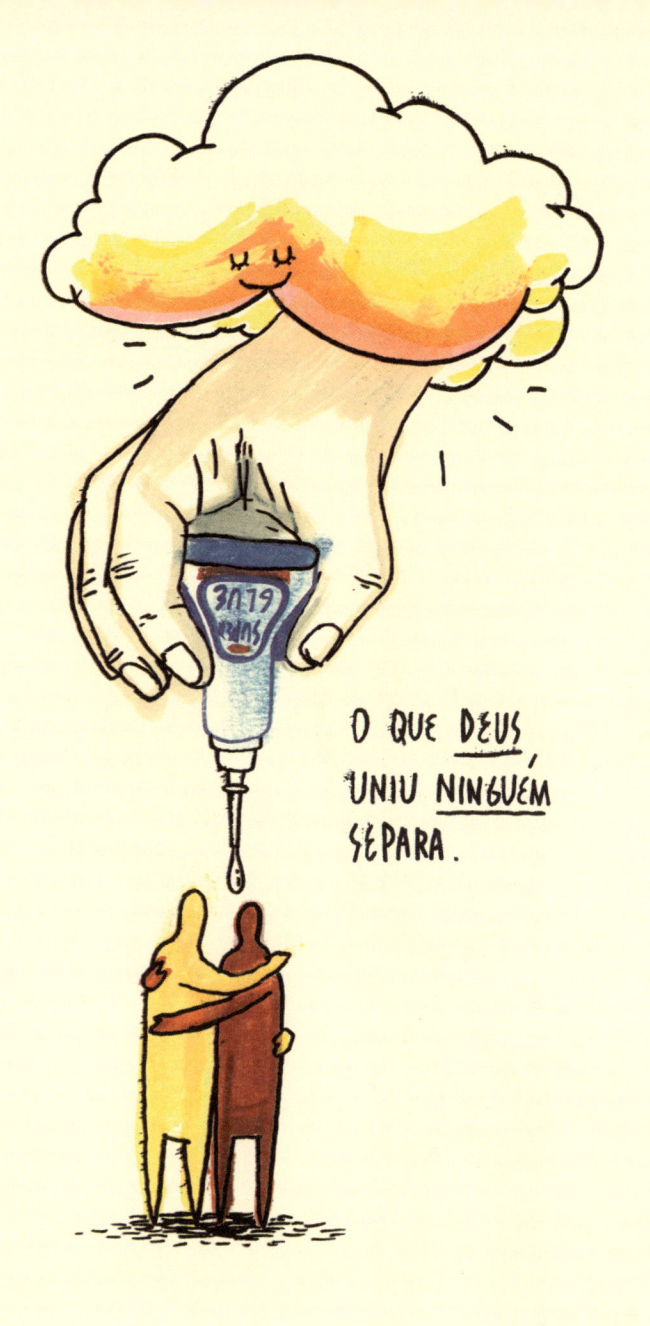

O QUE DEUS, UNIU NINGUÉM SEPARA.

TE <u>ABRAÇO</u> PARA ABRAÇAR
O QUE ME <u>FALTA</u>.

UM DIA PARA O SENHOR
É COMO MIL ANOS,

E MIL ANOS, COMO UM DIA.

MIL CAIRÃO
AO TEU LADO,
E DEZ MIL À
TUA DIREITA,
MAS TU NÃO
SERÁS ~~ATIN~~
ATINGIDO.

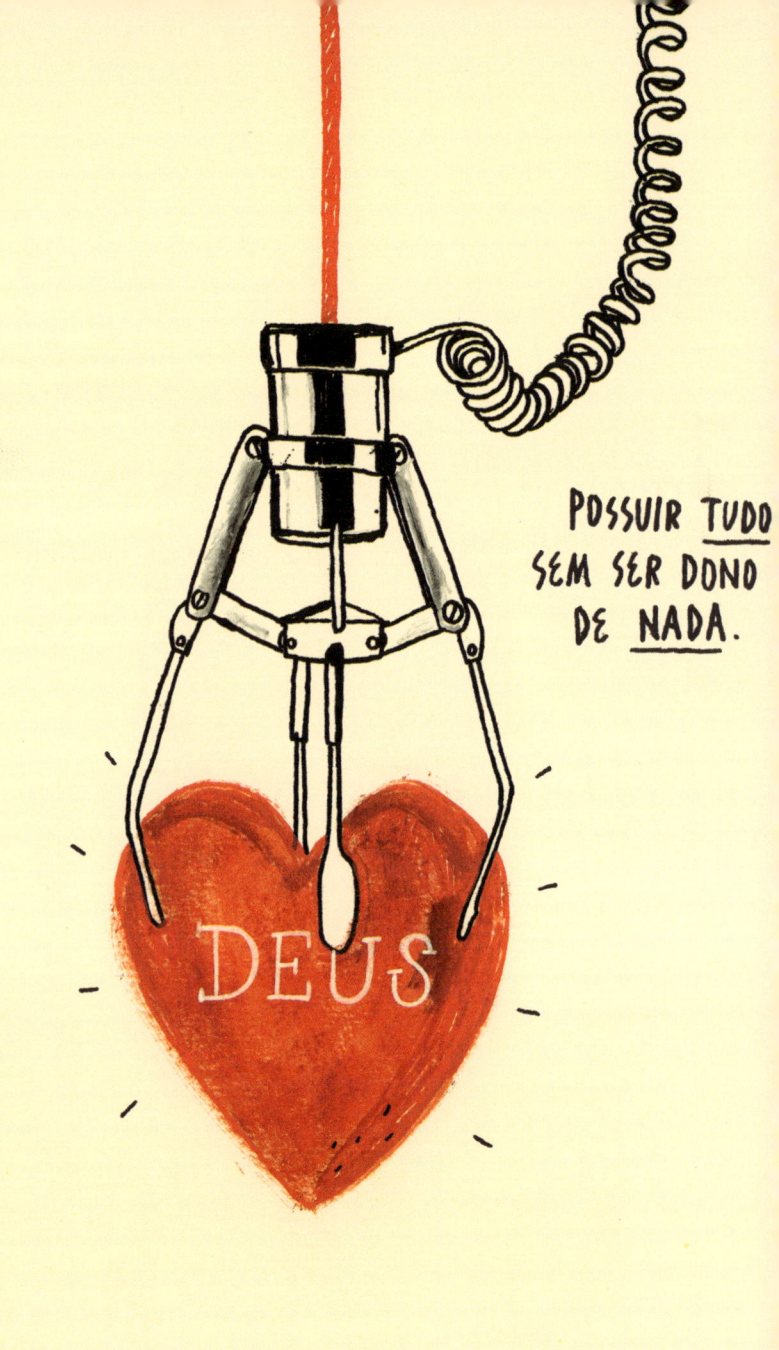

POSSUIR TUDO SEM SER DONO DE NADA.

DEUS

84 — 84

POIS DEUS NÃO NOS DEU ESPÍRITO DE ~~COVAR~~ COVARDIA, MAS DE PODER, DE AMOR E DE EQUILÍBRIO.

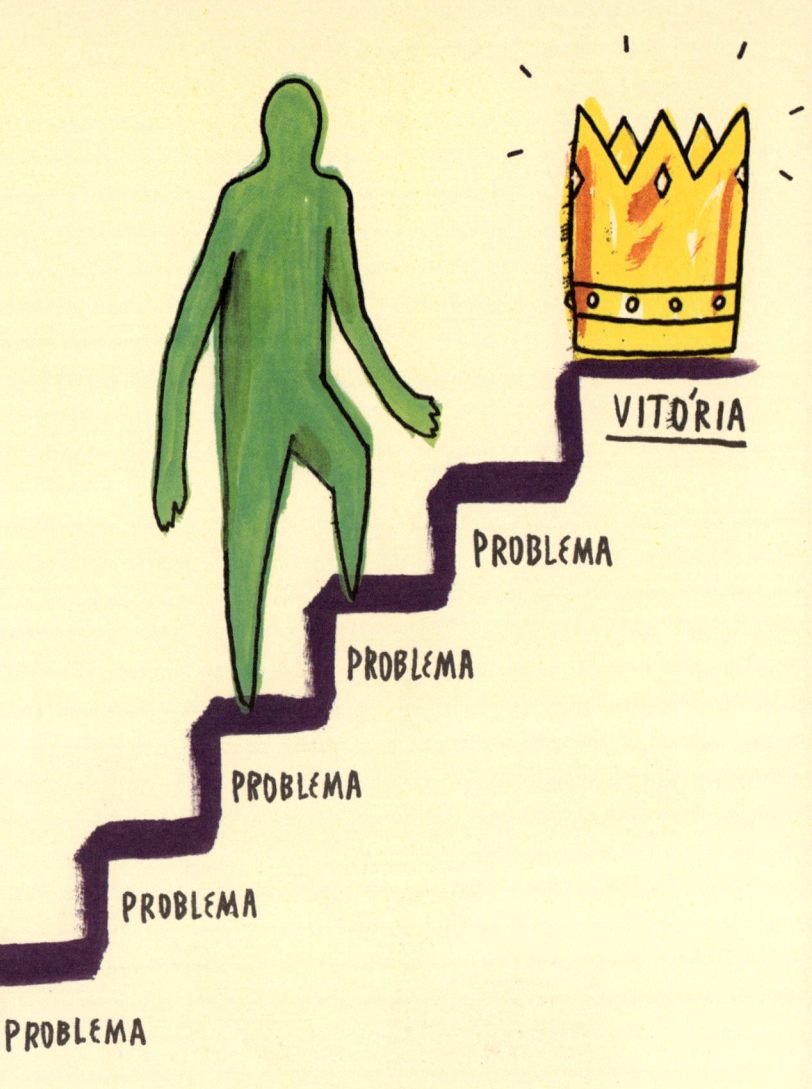

No PARABÉNS
LEMBRE SEMPRE
DE ~~APAGAR~~ AS VELAS.
ACENDER

ABRI
ESSA MAN

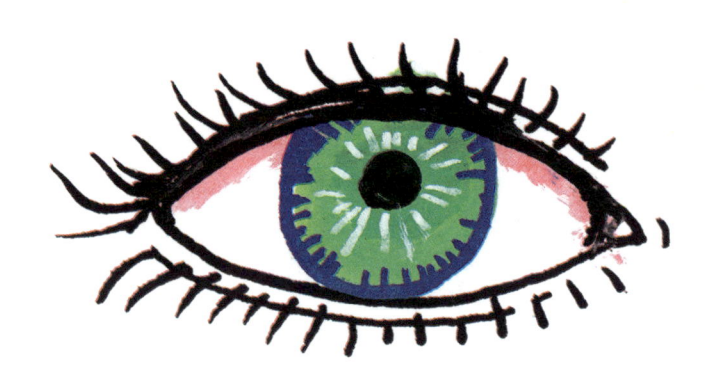

is PRESENTES
T : MEUS <u>OLHOS</u>.

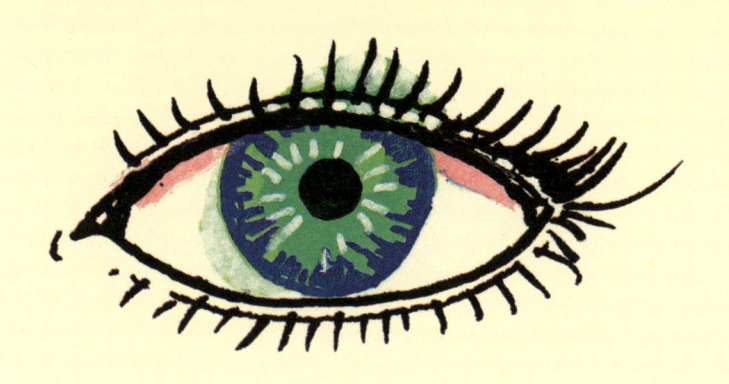

NÃO ADIANTA DELETAR UMA PESSOA SE VOCÊ NÃO SE DELETA DELA.

DEUS SEMPRE MANDA A PESSOA CERTA NA HORA ~~CE~~ CERTA.

NÃO ~~CREIA~~ REPITA
~~EM~~ TUDO
QUE <u>LÊ</u>.

Nasci em 1979 no Rio de Janeiro, desenho desde o dia que me deram um papel e umas canetas, me formei em design pela PUC-Rio em 2005 e trabalho como ilustrador e artista visual há 10 anos. Meu trabalho como ilustrador se resume em trazer à luz, o entendimento e o amor que eu recebi e adquiri ao longo da minha breve existência até aqui e de chamar a atenção e foco das pessoas pro lado cheio do copo da vida. A opção de utilizar um traço simples e cores luminosas é só pra reforçar a ideia de que as coisas que mais brilham na vida não são coisas e são mais simples do que imaginamos ser.

ofelipeguga

Agradecimentos/ Gratidão

A Deus, a luz mais brilhante e infinita de todas, onde o impossível se torna possível, na qual o amor flui sem igual e sem medida.

Aos meus pais, Michel Beltrão e Patricia Dutra, que me deram a luz da vida e concederam com muito amor e suor todas ferramentas necessárias para chegar até aqui com o coração pleno e grato e com a certeza de que só o amor e a gratidão farão desse mundo um lugar mais iluminado.

A editora Record e a Rafaella Machado e Ana Lima, que deram luz a esse sonho de colocar no mundo meu primeiro livro, obrigado por todo carinho e fé depositados neste projeto, gratidão que não cabe no peito!

Ao professor e visionário Amador Perez, o sonho de viver da minha arte e se tornar um iLUZtrador só se tornou possível graças aos incentivos e amor depositados desde sempre. Ao mestre Charles Watson que me fez entender como ser criativo é mais simples do que se pode imaginar, essa luz se acendeu com força pra toda vida.

Aos amigos de infância que até hoje estão por perto, aos amigos online & offline, aos muitos clientes e seres de luz que confiam no meu trabalho (em especial ao irmão Leonardo Seródio, que me apresentou à editora) e o propagaram ao longo da vida, aos amigos que se aproximaram trazendo mais vida, aos que se afastaram também — todos vocês são minha fonte de inspiração!

Aos meus 5 irmãos, em especial ao mais velho Michel e a mais nova Joana. Contar com muitos pontos de vista e opiniões ao meu lado desde cedo é a experiência mais valiosa e edificadora que eu pude ter, aceitar e respeitar a diferença expande a alma e nos torna mais ricos e humanos, todo amor e luz pra eles que caminharão comigo por toda eternidade e continuam até hoje me inspirando e sendo meus mestres.

Aos meus dois sobrinhos, Matheus e João Marcos, que trouxeram muita vida e brilho pros meus dias.

Aos muitos e incríveis seguidores/amigos/ incentivadores/fãs (em especial Carol Rocha por todo carinho e amizade que fizeram toda diferença!) do meu perfil no instagram@ofelipeguga, onde todo amor e luz possível foram reverberados, isso foi fundamental pra tornar esse sonho do livro numa realidade. A luz é o que se move mais rápido no universo, o amor e luz de vocês transformaram "mil anos em um dia", muito obrigado!

A minha ex-namorada e "culpada" pelo meu rebranding como ser humano e artista, ter aceitado minhas falhas e limitações abriu um portal de luz nunca antes visto e experimentado; somente quando encaramos sem medo nossas trevas e escuridão podemos chegar ao verdadeiro estágio da iluminação. Todo o amor depositado transbordou de alguma forma ao longo desse livro, gratidão sem fim.

Finalmente, toda minha gratidão a você que leu esse livro vivo, que a sua luz mais poderosa e brilhante se acenda e que você contribua de alguma forma a acender outras, trazendo a esse mundo mais entendimento, consciência e amor ao próximo.

Felipe Guga